Min tospråklige bildebok

Moja dwujęzyczna książka obrazkowa

Sefas vakreste barnehistorier i ett bind

Ulrich Renz • Barbara Brinkmann:

Sov godt, lille ulv · Śpij dobrze, mały wilku

For barn fra 2 år

Cornelia Haas • Ulrich Renz:

Min aller fineste drøm · Mój najpiękniejszy sen

For barn fra 2 år

Ulrich Renz • Marc Robitzky:

De ville svanene · Dzikie łabędzie

Etter et eventyr av Hans Christian Andersen

For barn fra 5 år

© 2024 by Sefa Verlag Kirsten Bödeker, Lübeck, Germany. www.sefa-verlag.de

Special thanks to Paul Bödeker, Freiburg, Germany

All rights reserved.

ISBN: 9783756305124

Les · Lytt · Forstå

Sov godt, lille ulv

Śpij dobrze, mały wilku

sefa

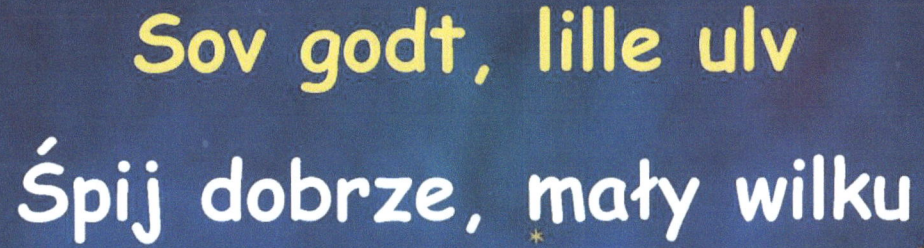

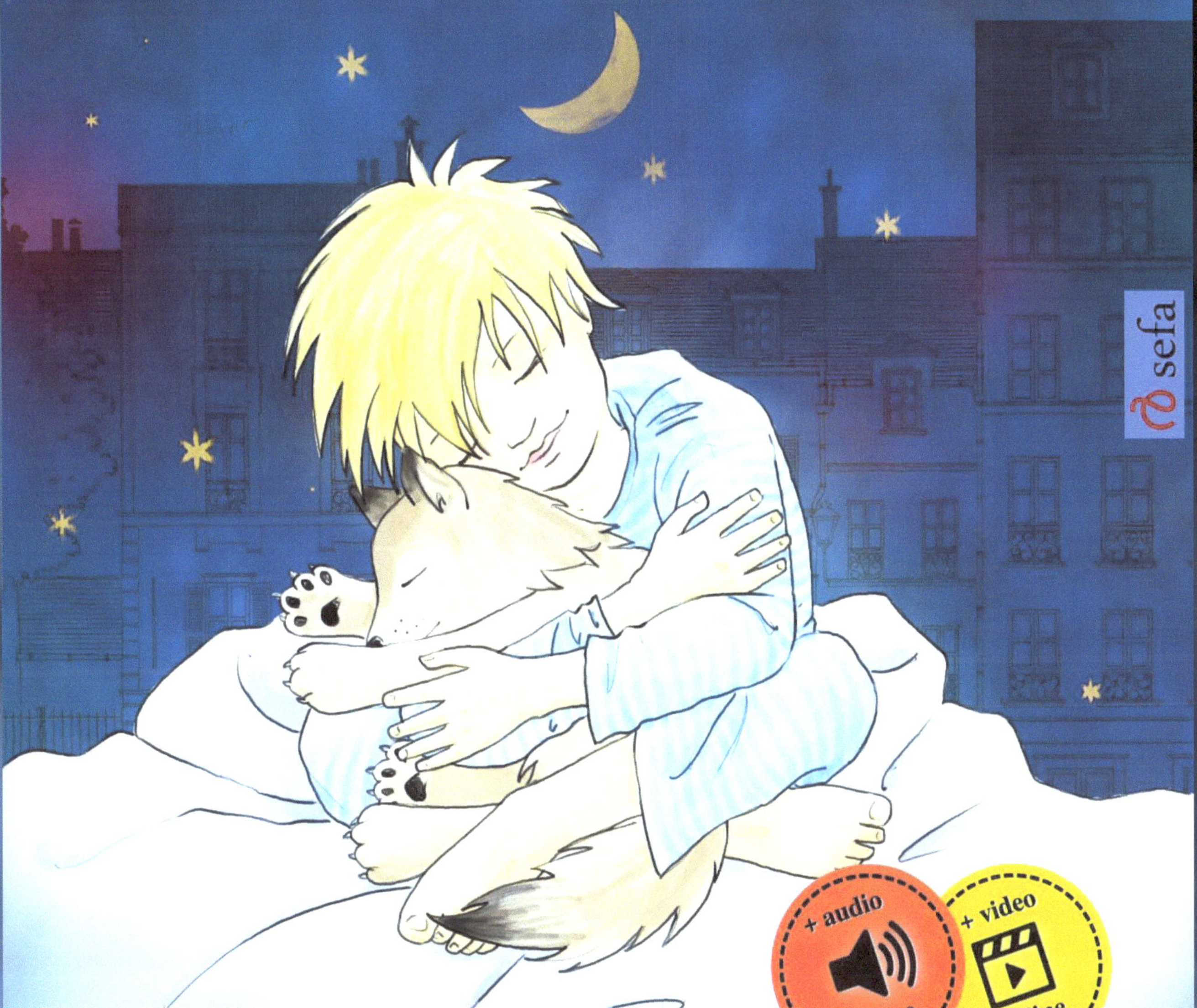

Ulrich Renz / Barbara Brinkmann

norsk tospråklig polsk

Oversettelse:

David Immanuel Glathe (norsk)

Jolanta Zak (polsk)

Lydbok og video:

www.sefa-bilingual.com/bonus

Gratis tilgang med passordet:

norsk: **LWNO2324**

polsk: **LWPL2521**

God natt, Tim! Vi fortsetter å lete i morgen.
Sov godt nå!

Dobranoc, Tim! Jutro wznowimy poszukiwania.
Teraz, śpij dobrze!

Utenfor er det allerede mørkt.

Na zewnątrz jest już ciemno.

Hva holder Tim på med der?

Co Tim robi?

Han går ut til lekeplassen.
Hva leter han etter?

Wychodzi na plac zabaw.
Czego on tam szuka?

Lille ulv!

Uten den kan han ikke sove.

Małego wilka!

Nie może bez niego spać.

Hvem er det som kommer der?

Któż to nadchodzi?

Marie! Hun leter etter ballen sin.

Marie! Szuka swojej piłki.

Og hva er det Tobi leter etter?

A czego szuka Tobi?

Gravemaskinen sin.

Jego koparki.

Og hva er det Nala leter etter?

A czego szuka Nala?

Dukken sin.

Swojej lalki.

Burde ikke barna vært i seng?
Katten undrer seg.

Czy dzieci nie muszą już iść spać?
– zastanawia się kot.

Hvem er det som kommer der?

Kto nadchodzi teraz?

Mammaen og pappaen til Tim!
De får ikke sove uten Tim-en sin.

Mama i tata Tima!
Nie mogą spać bez Tima.

Og der kommer det enda flere! Marie sin pappa.
Tobis bestefar og Nala sin mamma.

Nadchodzi ich coraz więcej. Tata Marie.
Dziadek Tobiego. I mama Nali.

Nå er det rett til sengs!

Teraz, szybko do łóżka!

God natt, Tim!
I morgen trenger vi ikke lete likevel.

Dobranoc, Tim!
Jutro nie będziemy musieli już więcej szukać.

Sov godt, lille ulv!

Śpij dobrze, mały wilku!

Cornelia Haas • Ulrich Renz

Min aller fineste drøm
Mój najpiękniejszy sen

Oversettelse:

Werner Skalla, Jan Blomli, Petter Haaland Bergli (norsk)

Joanna Barbara Wallmann (polsk)

Lydbok og video:

www.sefa-bilingual.com/bonus

Gratis tilgang med passordet:

norsk: **BDNO2324**

polsk: **BDPL2521**

Min aller fineste drøm
Mój najpiękniejszy sen

Cornelia Haas · Ulrich Renz

norsk — tospråklig — polsk

Lulu får ikke sove. Alle andre drømmer allerede – haien, elefanten, den lille musa, dragen, kenguruen, ridderen, apen, piloten. Og løveungen. Til og med bamsen kan nesten ikke holde øynene åpne …

Du bamse, kan du ta meg med inn i drømmen din?

Lulu nie może zasnąć. Wszyscy inni już śnią – rekin, słoń, myszka, smok, kangur, rycerz, małpa, pilot. I lwiątko też. Misiowi także, już prawie oczy się zamykają …

Misiu, zabierzesz mnie do twojego snu?

Og med det er Lulu allerede i bamsenes drømmeland. Bamsen fanger fisk i Tagayumisjøen. Og Lulu lurer på hvem som bor der oppe i trærne? Når drømmen er over, vil Lulu oppleve enda mer. Bli med, vi skal hilse på haien! Hva drømmer han om?

I już jest Lulu w misiowej krainie snu. Miś łowi ryby w jeziorze Tagayumi. A Lulu dziwi się, kto mieszka tam w górze na drzewach?
Gdy sen się kończy, Lulu chce jeszcze więcej przeżyć. Chodź ze mną, odwiedzimy rekina! O czym on śni?

Haien leker sisten med fiskene. Endelig har han venner! Ingen er redde for de spisse tennene hans.

Når drømmen er over, vil Lulu oppleve enda mer. Bli med, vi skal hilse på elefanten! Hva drømmer han om?

Rekin bawi się z rybami w berka. Nareszcie ma przyjaciół! Nikt nie boi się jego ostrych zębów.
Gdy sen się kończy, Lulu chce jeszcze więcej przeżyć. Chodź ze mną, odwiedzimy słonia! O czym on śni?

Elefanten er lett som en fjær og kan fly! Snart lander han på skyene.
Når drømmen er over, vil Lulu oppleve enda mer. Bli med, vi skal hilse på den lille musa! Hva drømmer hun om?

Słoń jest lekki jak piórko i umie latać! Zaraz wyląduje na niebiańskiej łące.
Gdy sen się kończy, Lulu chce jeszcze więcej przeżyć. Chodź ze mną, odwiedzimy myszkę! O czym ona śni?

Den lille musa ser seg om på tivoli. Hun liker best berg- og dalbanen. Når drømmen er over, vil Lulu oppleve enda mer. Bli med, vi skal hilse på dragen! Hva drømmer han om?

Myszka przypatruje się wesołemu miasteczku. Najbardziej podoba jej się kolejka górska.

Gdy sen się kończy, Lulu chce jeszcze więcej przeżyć. Chodź ze mną, odwiedzimy smoka! O czym on śni?

Dragen er tørst etter å ha sprutet ild. Helst vil han drikke opp hele sjøen med brus.

Når drømmen er over, vil Lulu oppleve enda mer. Bli med, vi skal hilse på kenguruen! Hva drømmer han om?

Smok jest spragniony od ziania ogniem. Najchętniej wypiłby całe jezioro lemoniady.

Gdy sen się kończy, Lulu chce jeszcze więcej przeżyć. Chodź ze mną, odwiedzimy kangura! O czym on śni?

Kenguruen hopper gjennom godterifabrikken og stapper pungen sin full. Enda flere av de blå dropsene! Og enda flere kjærlighet på pinne! Og sjokolade!

Når drømmen er over, vil Lulu oppleve enda mer. Bli med, vi skal hilse på ridderen! Hva drømmer han om?

Kangur skacze po fabryce słodyczy i napycha swoją torbę do pełna. Jeszcze więcej tych niebieskich cukierków! I jeszcze więcej lizaków! I czekolady!
Gdy sen się kończy, Lulu chce jeszcze więcej przeżyć. Chodź ze mną, odwiedzimy rycerza! O czym on śni?

Ridderen er i kakekrig mot drømmeprinsessen sin. Oi! Kremkaken bommer!

Når drømmen er over, vil Lulu oppleve enda mer. Bli med, vi skal hilse på apen! Hva drømmer han om?

Rycerz i jego księżniczka toczą bitwę na torty. Och! Tort śmietankowy nie trafił do celu!

Gdy sen się kończy, Lulu chce jeszcze więcej przeżyć. Chodź ze mną, odwiedzimy małpę! O czym ona śni?

Endelig har snøen kommet til apelandet! Hele apegjengen er ute og gjør apestreker.

Når drømmen er over, vil Lulu oppleve enda mer. Bli med, vi skal hilse på piloten! I hvilken drøm har han landet?

Nareszcie spadł śnieg w krainie małp! Cała zgraja małp jest całkiem poza sobą i urządza przedstawienie.

Gdy sen się kończy, Lulu chce jeszcze więcej przeżyć. Chodź ze mną, odwiedzimy pilota! W jakim śnie on wylądował?

Piloten flyr og flyr. Til verdens ende, og videre helt til stjernene. Ingen pilot har klart dette før ham.

Når drømmen er over, er alle veldig trøtte og vil ikke oppleve så mye mer. Men løveungen vil de likevel hilse på. Hva drømmer han om?

Pilot lata i lata. Aż na koniec świata i jeszcze dalej, aż do gwiazd. To, nie udało się jeszcze żadnemu innemu pilotowi.
Gdy sen się kończy, wszyscy są już bardzo zmęczeni i nie chce im się nic więcej przeżyć. Ale chcą jeszcze odwiedzić lwiątko. O czym ono śni?

Løveungen har hjemlengsel og vil tilbake til den varme, deilige senga si.
Det vil de andre også.

Og da begynner ...

Lwiątko tęskni za domem i chce wrócić do ciepłego, przytulnego łóżka.
I inni też.

I wtedy zaczyna się ...

... Lulus
aller fineste drøm.

... najpiękniejszy sen Lulu.

Ulrich Renz • Marc Robitzky

De ville svanene

Dzikie łabędzie

Oversettelse:

Ursula Johanna Aas (norsk)

Joanna Wallmann (polsk)

Lydbok og video:

www.sefa-bilingual.com/bonus

Gratis tilgang med passordet:

norsk: **WSNO2324**

polsk: **WSPL2521**

Ulrich Renz · Marc Robitzky

De ville svanene

Dzikie łabędzie

Etter et eventyr av

Hans Christian Andersen

+ audio + video

norsk   tospråklig   polsk

Det var en gang tolv kongsbarn – elleve brødre og en storesøster. Hun het Elisa. De levde lykkelig i et vidunderlig slott.

Dawno, dawno temu, było sobie dwanaścioro dzieci królewskich–jedenastu braci i starsza siostra, Elisa. Żyli sobie szczęśliwie w przepięknym zamku.

En dag døde moren, og en stund senere giftet kongen seg på nytt. Men den nye konen var en ond heks. Hun forhekset de elleve prinsene til svaner og sendte dem langt av gårde, til et fjernt land på den andre siden av den store skogen.

Pewnego dnia zmarła ich matka. Jakiś czas później król ożenił się ponownie, ale nowa żona była złą czarownicą. Zaczarowała książęta w łabędzie i wysłała je daleko, do obcego kraju, po drugiej stronie wielkiego lasu.

Jenta kledde hun i filler og smurte ansiktet hennes inn med en stygg salve, slik at hennes egen far ikke lenger kjente henne igjen og jaget henne ut fra slottet. Elisa løp inn i den mørke skogen.

Dziewczynkę ubrała w łachmany, a jej twarz posmarowała oszpecającą maścią. Ojciec nie rozpoznał jej i wygnał z zamku. Elisa uciekła do wielkiego, ciemnego lasu.

Nå var hun helt alene og lengtet av hele sitt hjerte etter sine forsvunne brødre. Da det ble kveld, lagde hun seg en seng av mose under trærne.

Teraz była całkowicie sama i w głębi duszy tęskniła za swoimi zaginionymi braćmi. Gdy zapadł wieczór, zrobiła sobie pod drzewami posłanie z mchu.

Neste morgen kom hun til en blikkstille innsjø og ble forskremt da hun så speilbildet sitt i vannet. Etter at hun hadde fått vasket seg, ble hun det vakreste kongsbarn på jorden.

Następnego ranka dotarła nad ciche jezioro i wystraszyła się, widząc w nim swoje odbicie. Gdy się umyła, stała się znowu najpiękniejszą księżniczką pod słońcem.

Etter mange dager kom hun fram til havet. På bølgene gynget elleve svanefjær.

Po wielu dniach Elisa dotarła nad wielkie morze. Na falach unosiło się jedenaście łabędzich piór.

Ved solnedgang kjentes et brus i luften, og elleve ville svaner landet på vannet. Elisa gjenkjente sine forheksede brødre med en gang. Men fordi de bare snakket svanespråket, kunne hun ikke forstå dem.

O zachodzie słońca słychać było szum w powietrzu. Jedenaście dzikich łabędzi wylądowało na wodzie. Elisa od razu rozpoznała w nich swoich zaczarowanych braci. Nie mogła ich zrozumieć, gdyż nie znała mowy łabędzi.

Om dagen fløy svanene bort, men om natten krøp alle søsknene tett sammen i en grotte.

En natt drømte Elisa noe merkelig: Moren hennes fortalte henne hvordan hun kunne befri brødrene sine. Av brennesle skulle hun strikke en skjorte til hver svane og kaste dem over dem. Men fram til da måtte hun ikke si et eneste ord, ellers ville brødrene hennes dø.
Elisa startet å arbeide med en gang. Selv om hendene hennes sved som ild, strikket hun iherdig videre.

Za dnia łabędzie odlatywały, a nocą rodzeństwo spało w jaskini, przytulone do siebie.

Pewnej nocy Elisa miała dziwny sen: matka powiedziała jej, w jaki sposób może zdjąć czar z braci. Powinna dla każdego łabędzia upleść z pokrzyw koszulkę i mu ją narzucić. Do tego momentu nie wolno jej powiedzieć ani jednego słowa, inaczej bracia umrą.
Elisa natychmiast zabrała się do pracy. Chociaż ręce paliły jak ogień, plotła niestrudzenie.

En dag lød det jakthorn i det fjerne. En prins kom ridende med følget sitt, og om ikke lenge sto han foran henne. De ble forelsket i hverandre ved første blikk.

Pewnego dnia w oddali rozbrzmiały rogi myśliwskie. Wkrótce przybył konno książę wraz ze swoją świtą. Gdy tych dwoje spojrzało sobie w oczy, zakochali się.

Prinsen løftet Elisa opp på hesten sin og red med henne til slottet sitt.

Książę posadził Elisę na konia i galopem ruszyli do zamku.

Den mektige skattmesteren var ikke særlig begeistret for den tause skjønnhetens ankomst. Han hadde tenkt seg sin egen datter som brud for prinsen.

Potężny skarbnik nie był zadowolony z przybycia pięknej niemowy. To jego córka miała zostać żoną księcia.

Elisa hadde ikke glemt brødrene sine. Hver kveld jobbet hun videre med skjortene. En natt gikk hun ut på kirkegården for å hente frisk brennesle. Skattmesteren hold øye med henne i skjul.

Elisa nie zapomniała o swoich braciach. Każdego wieczora pracowała dalej nad koszulkami. Pewnej nocy poszła na cmentarz po świeże pokrzywy. Skarbnik obserwował ją przy tym potajemnie.

Straks prinsen var på en jaktutflukt, kastet skattmesteren Elisa i en celle. Han påsto at hun var en heks, som møtte andre hekser om natten.

Gdy tylko książę wyruszył na polowanie, skarbnik rozkazał wrzucić Elisę do lochu. Rozgłosił, że jest ona czarownicą i nocą spotyka się z innymi czarownicami.

I grålysningen neste morgen ble Elisa hentet av vaktene. Hun skulle bli brent på torget.

O świcie straż przyszła po Elisę. Miała zostać spalona na rynku.

Bålet brant allerede lystig da elleve svaner plutselig kom flygende. Fort kastet Elisa en skjorte over hver av dem. Snart sto alle brødrene foran henne, forvandlet tilbake som mennesker igjen. Bare den minste hadde en vinge istedenfor en arm siden skjorten hans ikke hadde blitt helt ferdig.

Gdy tam doszła, nagle nadleciało jedenaście białych łabędzi. Elisa szybko narzuciła każdemu z nich koszulkę z pokrzyw. W mgnieniu oka stanęli przed nią wszyscy jej bracia w ludzkiej postaci. Tylko ten najmłodszy, którego koszulka nie była całkowicie gotowa, zachował w miejscu ramienia skrzydło.

Mens søsknene klemte og kysset hverandre, kom prinsen tilbake. Endelig kunne Elisa forklare ham alt sammen. Prinsens lot den onde skattmesteren settes i fengsel. Deretter feiret de bryllup syv dager til ende.

Og er de ikke døde, så lever de ennå.

Jeszcze długo po powrocie księcia, objęciom i pocałunkom rodzeństwa nie było końca. Elisa mogła mu wreszcie wszystko wytłumaczyć. Książę rozkazał wrzucić złego skarbnika do lochu i siedem dni świętowano zaślubiny.

I żyli długo i szczęśliwie.

Hans Christian Andersen

Hans Christian Andersen was born in the Danish city of Odense in 1805, and died in 1875 in Copenhagen. He gained world fame with his literary fairy-tales such as „The Little Mermaid", „The Emperor's New Clothes" and „The Ugly Duckling". The tale at hand, „The Wild Swans", was first published in 1838. It has been translated into more than one hundred languages and adapted for a wide range of media including theater, film and musical.

Barbara Brinkmann ble født i München i 1969 og vokste opp ved foten av de bayerske Alpene. Hun studerte arkitektur i München og er for tiden forskningsassistent. Hun frilanser som grafisk designer, illustratør og forfatter.

Cornelia Haas ble født i nærheten av Augsburg (Tyskland) i 1972. Hun studerte design ved Høgskolen i Münster og avsluttet studiene med diplom. Siden 2001 har hun illustrert barne- og ungdomsbøker. Siden 2013 har hun undervist i akryl- og digitalt maleri ved Høgskolen i Münster.

Marc Robitzky, born in 1973, studied at the Technical School of Art in Hamburg and the Academy of Visual Arts in Frankfurt. He works as a freelance illustrator and communication designer in Aschaffenburg (Germany).

Ulrich Renz ble født i Stuttgart (Tyskland) i 1960. Etter å ha studert fransk litteratur i Paris avsluttet han medisinstudiene i Lübeck og arbeidet som daglig leder i et vitenskapelig forlag. I dag er Renz forfatter. Utover fagbøker skriver han barne- og ungdomsbøker.

Liker du å tegne?

Her finner du alle bildene fra historien til å fargelegge:

www.sefa-bilingual.com/coloring